AF503176

DISSERTATION

SUR L'ACCEPTATION ET RÉPUDIATION

DES SUCCESSIONS,

LES PARTAGES ET RAPPORTS,

EN DROIT FRANÇAIS ET EN DROIT ROMAIN,

Formant l'objet de la troisième épreuve du concours, ouvert à Paris, pour la chaire de droit romain, vacante par le décès de M. Berthelot.

L'acte public ci-dessus sera soutenu, à l'École de Droit, le 25 mai 1819, à neuf heures du matin,

PAR M. GEORGES-BONAVENTURE BATTUR,

Docteur en droit, l'un des concurrens.

~~~~~~~~~~

PARIS,

De l'Imprimerie de madame JEUNEHOMME-CRÉMIÈRE, rue Hautefeuille, n° 20.

1819.
~~~~~~~~~~

DISSERTATIO

De acquirendâ vel omittendâ hereditate, de actione familiæ erciscundæ et de collatione bonorum.

JUS ROMANUM.

PRIMA PARS.

De acquirendâ vel omittendâ hereditate.

CAPUT PRIMUM.

De acquirendâ hereditate.

Possessio continuari non potest ex unâ personâ ad aliam nisi deprehensione possessionis, ideòque solâ aditione non acquiritur possessio hereditatis, *l. licet ff. de acquir. possess.*, l. 13 et 23 ff. eod. simpliciter delata hereditas non heredi acquiritur, nec ipsius heredibus transmitti potest,

DISSERTATION

Sur l'acceptation et répudiation des successions,
les partages et rapports.

*Je diviserai l'immense et difficile matière qui m'est
échue, l'acceptation et la répudiation des successions, les
partages et rapports, en trois parties principales, et je
retracerai en substance les principes de la matière, les diffi-
cultés et leurs solutions, dans l'un et l'autre droit, ayant
soin de placer en regard l'un de l'autre le droit romain et le
droit français, pour en rendre le rapprochement et la com-
paraison plus faciles.*

DROIT FRANÇAIS.

PREMIÈRE PARTIE.

*De l'Acceptation et de la Renonciation des succes-
sions.* Liv. III, tit. Ier, chap. V et VI du Code
civil.

CHAPITRE PREMIER.

De l'acceptation des Successions.

La maxime *le mort saisit le vif*, qu'un jurisconsulte
appelle *la coutume du monde*, ne tire point son origine du
droit romain. L'héritier venant à décéder avant l'acceptation de la succession qui lui est échue, transmet son droit à

nisi eam adiverit ; quâ ratione institutum est legata morte testatoris cedere, non aditione hereditatis , ne heres aditioni moram faciendo et transmissioni legatorum moram faciat.

Distinguendum est autem inter varias heredum species.

1º Necessarii dicuntur propriè servi cum libertate heredes scripti, qui non possunt ab hereditate abstinere, et si admittere noluerint, extrà ordinem à judice coerceri possunt.

2º Sui et necessarii sunt qui proximum à testatore gradum in potestate obtinent : ex jure prætorio potestas abstinendi illis concessa fuit.

Quatuor modis acquiritur hereditas : 1º Cretione cùm testator certos præfixit dies intrà quos heres de hereditate admittendâ suam voluntatem exprimat ; 2º aditione quæ propriè in extraneis heredibus locum habet ; 3º immixtione quam propriè faciunt sui heredes ; 4º pro herede gestione.

Pro herede gerens dicitur declarare suam voluntatem de adeundâ hereditate. Numquid autem sufficit dixisse se velle hereditatem adire ? Magna est de hâc questione controversia inter jurisconsultos. Hæc verba non sufficere opinor, nisi re ipsâ et factis certis pro herede gesserit heres.

Est pro herede gestio cùm animo hereditatis adeundæ contrectat res hereditarias vel etiam alias quas putat hereditarias esse, quo circà requiritur, 1º ut hereditas jam delata sit ; 2º ut simul concurrant animus acquirendæ hereditatis et contrectatio rerum.

Animus dijudicatur ex factorum qualitatibus et circumstantiis.

Alia sunt quæ citrà nomen et jus heredis fieri non possunt. Alia autem quæ vel jure et titulo heredis vel etiam sine jure et titulo heredis agi possunt.

Possunt adire sive verbis, sive pro herede gestione omnes qui et consentire possunt, etiam muti vel surdi sive nati sive facti, si intelligant quod agunt.

Pupilli non sine tutoris auctoritate adire possunt.

Restituuntur etiam minores si aditio ex tutoris auctoritate

ses héritiers. A cette maxime si sage se lie cet autre principe, *n'est héritier qui ne veut*, et par conséquent la faculté d'accepter ou de répudier la succession , accordée à l'héritier dont la qualité est d'ailleurs clairement établie. De ces deux maximes naissent encore le droit de délibérer et celui d'accepter la succession sous bénéfice d'inventaire.

Tous les héritiers sont assimilés dans notre droit, et tous ont indistinctement la faculté d'accepter ou de répudier la succession qui leur est échue.

Nous ne connaissons , pour tous les héritiers sans distinction, que deux acceptations , l'acceptation expresse et l'acceptation tacite , qui est, à proprement parler, *pro herede gestio.*

L'acceptation expresse ne peut point avoir lieu par une simple déclaration de l'intention d'accepter.

L'acceptation est expresse (778, Code civ.) quand on prend le titre ou la qualité d'héritier dans un acte authentique ou privé. L'acceptation verbale est donc exclue. Elle est tacite , quand l'héritier fait un acte qui présuppose *nécessairement* son intention d'accepter.

L'héritier présomptif fait-il acte d'héritier, lorsqu'il se met en possession d'un bien héréditaire pour se rembourser de ce qui lui était dû par le défunt , ou qu'il prend dans la succession la chose qui lui était due ou qui lui avait été léguée ? L'affirmative doit être adoptée.

Quid juris s'il paye avec les deniers de la succession les dettes de la succession ? Il fait acte d'héritier.

La déclaration faite par un héritier présomptif, dans un acte relatif à la succession , qu'il n'entend pas se porter héritier , suffit-elle pour que l'acte ne soit pas acte d'héritier ? Il faut adopter la négative dans le cas où l'acte est nécessairement et de sa nature un acte d'héritier.

Les actes purement conservatoires , de surveillance et d'administration, ne sont pas des actes d'héritier , si l'on n'a pris le titre ou la qualité d'héritier. (Art. 779.)

Il faut que la personne qui accepte soit réellement appelée à succéder. Il ne suffirait donc pas qu'elle fût postérieurement

facta fuerit ; et in hocce casu cedere debent suas actiones contrà tutorem ad recuperandum quod tutor ex successione accepit, l. ult. ff. *de administr. tut.*, et l. 1 et 4 ff. *quando ex facto tut.*

Magna est controversia in jure an minor teneatur de facto tutoris, cùm subest dolus vel culpa ex parte tutoris ; an non sufficiat quòd minor cedat contrà illum actiones, si non solvendo sit tutor. Duæ videntur contrariæ leges 13 ff. *de dolo*, et 15 ff. cod. Decisio desumitur ex lege 3 ff. *quando ex facto tut.*, ex quá concludendum quòd si pupillus non ditior factus sit ex dolo tutoris, sufficit ut cedat actiones quas contrà tutorem habet, sive ille solvendo sit vel non l. 193 ff. *de reg jur.* Sin autem res ex bonâ fide cum tutore nomine pupilli acta fuerit, pupillus sive locupletior vel non factus fuerit, semper tenetur in solidum.

Si heres vel furiosus vel infans sit, nullum habens intellectum, non potest sibi delatam acquirere hereditatem, sed pro infante vel furioso adit tutor dum res aliter expediri non potest.

Transmittitur hereditas non adita 1º ex jure *suitatis*, 2º jure sanguinis ; liberi omnes cujuscumquo gradûs vel sexûs, sive sui, sive emancipati delatam sibi hereditatem parentis utriusque sexûs transmittunt in liberos suos sibi heredes existentes l. *unic. C. de his qui ante apertas tabulas*, etc. ; 3º ex favore singulari quarumdam personarum aut causarum ; 4º ex jure deliberandi ad heredes quoscumque, si ille cui delata est hereditas intrà deliberandi tempus moriatur.

Aditio fieri debet purè non sub conditione. Non sufficit hereditatem verè delatam esse, sed requiritur ut heres delatæ hæreditatis scientiam habeat arg. l. 23 et 93 ff. *de acq. vel omitt. hered.*

Numquid ut valeat aditio necesse est ut heres sciat extitisse conditionem sub quà institutus fuit ? Hanc questionem definit Julianus distinctione inter conditiones juris et facti adhibitâ. Si facti sint, impediunt heredem circà adeundam hereditatem quamdiù ignorat eas impletas esse, l. 31 ff. *de cond. et de-*

appelée à la succession en vertu du droit de transmission (781)
ou par l'effet de la renonciation de l'héritier le plus proche.

On ne peut plus accepter une succession lorsqu'on y a renoncé légalement. Cette règle ne souffre que deux exceptions : 1o Si la renonciation est l'effet du dol ou de la violence ;
2o si la succession répudiée n'a été acceptée par aucun
héritier.

L'acceptation investit de tous les droits de l'hérédité l'héritier acceptant, qui, jusque-là , n'a été qu'habile à se porter héritier, comme elle en fait peser sur lui toutes les charges.
Son titre est universel, irrévocable, indivisible, à moins qu'il
n'use du droit d'accepter à bénéfice d'inventaire , cas auquel
il n'est tenu des dettes que jusqu'à concurrence des biens de
la succession, qu'il ne confond point avec les siens propres.

Cette alternative ne peut appartenir qu'aux majeurs et non
interdits.

Il n'y a que les personnes capables de s'obliger qui puissent
accepter valablement une succession. La femme ne peut sans
l'autorisation de son mari , accepter même à bénéfice d'inventaire.

Les mineurs et interdits ne peuvent pas accepter une
succession. Leurs tuteurs ne le peuvent (461) sans une autorisation préalable du conseil de famille, et avec cette autorisation même, ils ne peuvent qu'accepter à bénéfice d'inventaire. Les prodigues et ceux qui sont pourvus d'un conseil
judiciaire, ne peuvent sans l'assistance de ce conseil, accepter une succession.

La question de savoir si le mineur est tenu du fait du tuteur qui n'aurait point légalement accepté la succession ne
peut faire de doute ; mais les formalités préalables remplies ,
les mineurs ne peuvent plus se faire restituer. Le majeur
seul peut avoir besoin de restitution.

La transmission de l'hérédité ayant lieu chez nous indé-
pendamment de l'acceptation, les distinctions et exceptions
du droit romain ne sont plus de notre usage. Nous ne connaissons point la différence entre la succession déférée et la

monstr. ; sin ex jure descendant conditiones, nihil amplius exigitur quam ut impletæ sint.

Adire debemus hereditatem sicut delata est, pro parte, si pro parte delata sit.

Effectus aditionis est quòd heres adiens obtineat omnia defuncti jura quæ per mortem non fuerunt extincta; et dominia rerum hereditariarum et actiones hereditarias. Cùm hereditas res sit quæ non sensibus percipiatur sed quæ intellectu abstrahitur, heres rectè petere potest fundum hereditarium ab eo qui pro herede possidens, quamvis non heres, de possessione vi dejectus est. Nam iste heres *putativus* habet interdictum unde vi recuperandæ possessionis causâ et cedere debet, nam actio petitionis hereditatis est mixta tam in re quàm in persona.

Hereditas est jus universum quod non lucra tantum sed damnum et onera comprehendit, de quibus tenetur heres adiens.

Non pro ratâ emolumenti, sed pro ratâ parte quâ quisque heres est, ferenda sunt onera æris alieni, l. 1. *C. si cert. petatur.*

Quid juris, si orta sit controversia inter legitimum et testamentarium heredem de validitate testamenti, ex quânam parte quisque onera feret? Si transactione sopiatur ista controversia, ita ut partem hereditatis habeat testamento scriptus, partem legitimus, tali transactione non impediuntur legatarii quo minùs pro legatis obtinendis in solidum adversùs institutum agant, si modo probent testamentum extitisse. Nec obstat hæc transactio quominùs creditores experiri possint in solidum institutum, si modo probaverint validitatem testamenti, aut è contrario contrà legitimum agant si testamenti infirmitatem probaverint. Scævola inter istas opiniones temperamentum sumens existimat jure quoque facturos creditores si et testamentarium et legitimum heredem pro parte hereditariâ in transactione expressâ et cuique delatâ convenirent.

Hìc occurrit difficillima et quasi inextricabilis materia de

succession acceptée , telle qu'elle était établie chez les Ro·
mains. La règle , *le mort saisit le vif*, transmet l'hérédité à
l'instant même de la mort d'un homme ou de l'ouverture de
sa succession à l'héritier appelé à la recueillir.

L'acceptation ne peut se faire conditionnellement, et il
faut chez nous comme en droit romain , que l'héritier sache
que la succession est ouverte , à moins qu'il n'ait fait un acte
qui présuppose nécessairement son intention d'être héritier ,
cas auquel il est toujours présumé avoir connu l'ouverture
de la succession jusqu'à démonstration contraire.

L'héritier institué par testament comme l'héritier légitime,
a le droit d'accepter ou de répudier ; mais il faut observer que
les légataires ou héritiers institués , ne sont ni les uns ni les
autres de véritables héritiers ; le principe du droit romain
n'est plus conservé chez nous. Les légataires à titre universel,
s'ils font inventaire, ne sont jamais tenus indéfiniment des
dettes et charges de la succession ; et quant aux légataires
universels , ils ne peuvent être assimilés à l'héritier *ab intes-
tat*, que dans le cas où il n'y a point d'héritiers de la réserve
à qui ils puissent demander la délivrance de leur legs.

Les héritiers institués contractuellement , sont de véritables
héritiers.

Il faut remarquer que les héritiers de celui à qui était échue
la succession , et qui est mort avant de l'avoir acceptée ou répudiée , ne peuvent l'accepter à sa place, qu'autant qu'ils
acceptent sa propre succession. Ils peuvent accepter sa succession sans accepter celle qui lui était échue.

Si les héritiers ne sont pas d'accord pour accepter ou pour
répudier, la succession doit être acceptée sous bénéfice d'inventaire (782); mais il est important de remarquer que la
disposition de l'art. 782 , ne peut s'appliquer qu'aux héritiers
de celui à qui la succession était échue , et qui est mort avant
de l'avoir acceptée ou répudiée.

Le majeur est irrévocablement lié par l'acceptation , ex-
cepté dans deux cas : 1º si cette acceptation est l'effet du
dol ou de la violence ; 2º Si l'on découvre par la suite un testa-

dividuis et individuis obligationibus, de quâ summatim no-
vum, clarius et certius exponam systema, verioremque legum
romanarum interpretationem. Sciendum est enim an inter
heredes dividatur an non obligatio activa vel passiva, an in
solidum in certis casibus quisque heres non conveniatur.

Tendit omnis obligatio ad dandum vel ad faciendum. Omnis obligatio *dandi* est dividua : 1º quia in tempore mortis
auctoris vel testatoris existit res quæ divisionem recipere
potest vel intellectualem vel realem ; 2º quia hæc divisio
effici potest inter heredes, quoniam proprietatem rei obti-
neant. Omnis obligatio actûs physici v. g. construendæ do-
mûs, vel actus moralis v. g. cavendi de evictione, est individua ; 1º quia factum, non res, est objectum obligationis ;
2º quia cùm res non existat in tempore mortis, nihil est quod
naturaliter divisionem recipere possit ; 3º quia in casu quo res
existit in tempore mortis, cùm ejus proprietatem non obti-
neant heredes, nulla divisio fieri potest.

Si obligatio actûs physici tenderet non ad unam rem, sed
ad plures faciendas in genere determinatas, tunc esset obligatio quantitatis, et ideò obligatio dividua.

Quando dividua est obligatio, quisque heres pro parte
hereditariâ tantùm tenetur ; si tamen solutionis divisio elu-
dere posset obligationem, heredes consentire deberent et con-
currere ad petendam vel offerendam rem debitam. Hæc mo-
dificatio locum solùm habet in obligatione rei in genere vel
unius ex pluribus rebus. In omni alio casu heredes possunt
offerre et petere separatim portionem rei debitæ pro ratâ
portionis hereditariæ. Non possunt contrahentes expressè
vel tacitè huic dispositioni legis derogare.

Quoad obligationem *actûs physici*, in solidum tenentur
heredes ad implendam vel exigendam obligationem.

Quoad obligationem *actûs moralis*, heredes debitoris col-
lectivo modo de solutione tenentur. In utroque casu obligatio est individua, sed in priore tota obligatio ab uno tantùm
exigi potest.

ment qui absorbe la totalité, ou au moins la moitié de la succession (783).

Les héritiers contribuent entr'eux au paiement des dettes et charges de la succession, chacun dans la proportion de ce qu'il y prend (870). Ils en sont tenus personnellement pour leur part et portion virile et hypothécairement pour le tout.

Le légataire particulier n'en est pas tenu, sauf l'action hypothécaire sur l'immeuble légué (871) (874).

L'opinion de Scævola me paraît seule devoir être admise, lorsque par suite d'une transaction sur la question de validité du testament, l'héritier légitime et l'héritier testamentaire conservent chacun une part de l'hérédité.

La théorie sur *la divisibilité ou indivisibilité des obligations* que j'ai exposée en droit romain, fondée sur le véritable sens des lois et sur la nature des choses, qui rectifie certaines erreurs de Dumoulin et autres auteurs, doit être adoptée dans notre législation , et servir de règle pour connaître les divers modes de paiement dont les héritiers peuvent être tenus. Cette courte dissertation renferme la solution d'une multitude de questions difficiles sur cette matière du droit la plus épineuse, et la moins éclaircie.

Nous devons parler ici d'un droit important des créanciers du défunt, celui de demander la séparation de patrimoines. Ce bénéfice a dans notre droit le même fondement qu'en droit romain. Il repose sur ce que la mort fixe l'état des biens et des dettes d'un homme. C'est pourquoi, ceux qui sont simples créanciers chirographaires, lors de la mort de leur débiteur, ne peuvent jamais devenir créanciers hypothécaires de la succession.

Ce privilége, par la même raison qu'en droit romain, n'appartient point aux créanciers de l'héritier (881).

Il se prescrit relativement aux meubles par le laps de trois ans; et à l'égard des immeubles , l'action peut être exercée tant qu'ils existent dans la main de l'héritier (880), sauf l'action révocatoire s'il y a aliénation frauduleuse.

Sur l'importante question de savoir si les biens mêmes

In integrum autem actione hypothecariâ tenetur heres cui pignus cessit.

Non solùm natura causæ sed favor nonnunquam efficit ut in ipsis debitis dividuis unus heredum in solidum conveniatur.

Alium notabilem effectum producit aditio, heres factum defuncti præstare debet pro eâ parte quâ heres est et ex capite defuncti lucrum sentit.

Non hîc prætermittendum est beneficium separationis quod prætor dat creditoribus hereditariis desiderantibus separari se à creditoribus heredis, ac similiter bona hereditaria separari à bonis heredis.

Putat Papinianus, dimissis in solidum propriis creditoribus heredis, ex bonis heredis si quid supersit id tribuendum esse creditoribus hereditariis; quam sententiam improbat Paulus *in l. 5 ff. de separat.* quia ea bona non sunt hereditaria et Ulpianus in l. 1. *§ penult.* ff. eod.

Æquior mihi videtur sententia Papiniani.

Si venditio hereditatis facta esset in fraudem creditorum, revocaretur actione Paulianâ ex edicto *quæ in fraudem*, et deindè rectè postularetur separatio bonorum, sed hæc venditio illius hereditatis bonâ fide facta non potest rescindi *l. 2 ff. de separ.*

Iu hoc fundamento nititur bonorum separatio creditoribus hereditariis data, quòd mors statum bonorum et debiti defuncti determinet; quo privilegio non gaudent creditores heredis, quia impedire non possunt, quominùs debitor novos sibi adjiciat creditores, et aditione hereditatis se creditoribus hereditariis obliget.

CAPUT II.

De omittendâ hereditate.

Omittitur hereditas per suos heredes dum abstinent l. 12. 71 ff. *de acquir. vel omitt.*

qui ne sont de la succession du défunt que par le rapport qui
en est fait, entrent dans le partage des créanciers du défunt
qui demandent la séparation de patrimoines, il faut décider
l'affirmative.

CHAPITRE II.

Des Renonciations.

La renonciation aux successions futures qui avait été admise contre la disposition du droit en la loi *ult. ff. de suis et
legitimis heredibus,* dont le célèbre Papinien est l'auteur, et

Extranei repudiant , potestque hæc repudiatio non verbis tantùm fieri, sed etiam re et alio indicio voluntatis.

Nemo autem abstinere potest, si aliquid ex hereditate surripuerit ; non repudiare possunt quicumque semel hereditatem adeundo aut immiscendo adepti sunt.

Cùm immixtio ab impubere facta sine tutoris auctoritate ipso jure nulla sit, conservat impubes beneficium abstinendi.

Minores autem nisi per restitutionem adversùs immixtionem obtentam, non possunt abstinere.

In repudiatione sicut in aditione, pupillis , auctoritas tutoris necessaria est.

Sicut aditio ità repudiatio fieri nequit, nisi postquam hereditas delata est; conditione pendente repudiatio facta nihil operatur, nec amittitur hereditas.

Per repudiationem ab omni æris alieni onere eximitur heres.

Alius effectus repudiationis est quòd qui semel repudiavit hereditatem, eam ampliùs adire non possit.

Si heres institutus idemque legitimus hereditatem repudiet velut ab intestato sibi delatam , sciens quidem se heredem institutum, utramque repudiasse ; si nescierit, neutram repudiasse putatur, l. 17 et 77 ff. *de acquir. vel omitt. hered.* l. 91 ff. *de reg. jur.*

Inter Paulum et Papinianum hîc oritur controversia : si quis priore testamento perfecto et posteriore imperfecto , hereditatem repudiaverit cùm putaret posterius valere, ex priore perfecto eum adire non posse, adeòque hereditatem legitimis delatam esse heredibus, existimat Papinianus l. 97, ff. *de acquir. vel omitt. hered.* Contrarium contendit Paulus , quia non sibi nocere potuit repudiando ex posteriore ex quo tanquam imperfecto delata non est, et credo sententiæ Pauli standum esse.

Heres sive filius sive extraneus non ex repudiatione prelegata amittit, nisi appareat contraria mens testatoris. Nec sibi adversatur Papinianus in l. 55. ff. de acquir. vel omitt. he-

en la loi *pactum quod detali*, 3 *C. de collat.* n'a pas lieu aujourd'hui (791).

La renonciation à une succession échue ne se présume pas ; elle ne peut plus être faite qu'au greffe du tribunal de première instance dans l'arrondissement duquel la succession est ouverte (784), d'où il suit que si l'héritier présomptif garde le silence après l'expiration des délais qui lui sont accordés pour faire inventaire et délibérer, il pourra être poursuivi comme héritier présumé par les créanciers de la succession, et d'après l'art. 799, il devra supporter personnellement les frais des poursuites.

La première condition de la renonciation est que celui qui renonce soit en état d'accepter la succession *L.* 4, § 8, *de acq. vel omitt*, et que les choses soient entières, c'est-à-dire qu'il n'ait point fait acte d'héritier.

Ainsi, un tuteur ne peut sans autorisation préalable du conseil de famille, renoncer à une succession échue au mineur ou à l'interdit (461 et 509); un mineur émancipé ne peut également répudier sans autorisation du conseil de famille (art. 461 et 484). Dans ces deux cas, la restitution du mineur est impossible.

Celui qui est pourvu d'un conseil judiciaire, ne peut sans l'assistance de ce conseil, répudier une succession à laquelle il est appelé (499 et 513).

La renonciation est irrévocable, sauf deux exceptions : 1º Si elle est l'effet du dol ou de la violence. 2º Lorsque la succession répudiée par un héritier n'a encore été acceptée par aucun héritier, le renonçant peut l'accepter, ce qui est une dérogation au droit romain qui ne veut pas qu'on puisse accepter une succession répudiée.

De même qu'en droit romain, la renonciation faite *conditione pendente* est de nul effet.

L'opinion du jurisconsulte Paul, que l'héritier n'a pu se nuire en répudiant d'après un testament postérieur invalide, en vertu duquel l'hérédité n'a pu être transférée, me paraît devoir être adoptée.

red. Nec contradicit Ulpianus in l. 10 ff. *Si quis omiss. caus. testam.;* neque Paulus in l. ultim. *ff. de doli mali et met. except.*

Portiones heredum repudiantium vel aliâ ratione deficientium accrescunt reliquis adeuntibus vel se immiscentibus, qualicumque modo sint conjuncti; nam individua est hereditas sicut persona defuncti quam representat. Notandum est quòd in concursu plurium, alios aliis in jure accrescendi potiores esse.

L'héritier qui renonce est censé n'avoir jamais été héritier (785).

La part du renonçant accroît à ses cohéritiers ; s'il est seul, elle est dévolue au degré subséquent.

La deuxième condition de la renonciation, est qu'elle ne soit point faite en fraude des créanciers. En certains cas, le droit français a porté la sévérité plus loin que le droit romain, pour empêcher qu'il ne fût permis à un débiteur de frustrer ses créanciers. En droit romain, le débiteur pouvait renoncer à une donation, à un legs, à une succession sans pouvoir être accusé de fraude, *L.* 6., 19 *et* 20, *ff. quæ in fraud* car jamais il n'y avait lieu à l'application de cet édit quand le débiteur avait omis d'acquérir.

Les créanciers se font autoriser par jugement sur requête à accepter la succession, à laquelle il a été renoncé en fraude de leurs droits, s'ils ont un titre authentique ou ayant date certaine. Ce n'est qu'en leur faveur que la renonciation est annulée. Ils ne sont point héritiers (788).

La faculté d'accepter ou de répudier une succession, se prescrit par le laps de temps requis pour la prescription la plus longue des droits immobiliers, c'est-à-dire qu'après le délai de trente ans, la faculté qu'avait l'héritier, ou d'accepter la succession qui lui était déférée, ou de la répudier, est éteinte par la prescription ; et qu'en conséquence l'héritier saisi en vertu de la maxime, *le mort saisit le vif*, se trouve revêtu de la qualité d'héritier, et obligé comme tel à défaut de renonciation expresse. D'où il suit que la prescription de la faculté de renoncer est acquise contre l'héritier présomptif, qui pendant trente ans n'a pas manifesté par une renonciation expresse sa volonté de n'être pas héritier, et qu'il est irrévocablement héritier ; et qu'en ce qui concerne la faculté d'accepter, elle n'est prescrite après les trente ans que contre l'héritier qui a renoncé dans cet intervalle, et que cet héritier ne peut plus jouir du bénéfice accordé par l'art. 790. Tel est le véritable sens de l'article 789.

Tant que la prescription du droit d'accepter n'est pas

∿∿∿∿∿∿∿

′PARS SECUNDA.

De actione familiæ erciscundæ.

Actio familiæ erciscundæ definiri potest actio quæ coheredi adversùs coheredes datur ut dividatur hereditas. Hereditatis divisio alienationis species est et vicem emptionis obtinet. In familiæ erciscundæ judicio unusquisque heredum et rei,

acquise contre les héritiers qui ont renoncé, ils ont la faculté d'accepter encore la succession si elle n'a pas été acceptée par d'autres héritiers, sans préjudice néanmoins des droits qui peuvent être acquis à des tiers sur les biens de la succession (790).

Comme en droit romain, les héritiers qui auraient diverti ou recelé des effets d'une succession, sont déchus de la faculté d'y renoncer, ils demeurent héritiers purs et simples, nonobstant leur renonciation, sans pouvoir prétendre aucune part dans les objets divertis ou recelés ; mais il faut distinguer toutefois si l'héritier a diverti ou recelé des effets de la succession avant ou après sa renonciation.

De la faculté d'accepter ou de renoncer, et de la maxime *le mort saisit le vif* naît le droit de délibérer et d'accepter sous bénéfice d'inventaire.

Le droit de délibérer et de se porter héritier sous bénéfice d'inventaire, est accordé indistinctement par notre droit à tous les héritiers. Ce droit est organisé par les articles 793, 794, 795, 796, 797, 798, 799, 800, 801 et suivans du Code civil.

Pour abréger, nous n'avons point retracé les différentes phases de la législation romaine sur le droit de délibérer et ses effets. Un droit nouveau fut introduit par la célèbre *L. Scimus C. de jur. delib.*, et le bénéfice d'inventaire fut établi et réglé par Justinien.

SECONDE PARTIE.

Des Partages.

Nul n'est tenu de demeurer dans l'indivision. Le pacte de ne jamais demander le partage est inutile, ainsi que la défense faite à cet égard par le testateur. *L.* 14, *ff. comm. divid.*, et 815 C. civil.

et actoris partes sustinet. Is videtur actor qui ad judicium provocavit. l. 2 , *ff. famil. ercisc.*

Quantum ad accipiendum familiæ erciscundæ judicium , nihil interest possideat quis hereditatem necne. *L. 25. ff. eod.*

Dubitandum non est quin familiæ erciscundæ judicium et inter pauciores heredes ex pluribus accipi possit. *L. 2, ff. eod.*

Qui ad divisionem provocat , interdum repellitur exceptione pacti. Interest tamen quale pactum fuerit.

Excluditur etiam interdum actio familiæ erciscundæ per exceptionem præjudicialem.

Familiæ erciscundæ judicio ampliùs quam semel agi non potest nisi causâ cognitâ. *L. 20, ff. fam. ercisc.*

Familiæ erciscundæ vel communi judicio ità demum si corpora maneant communia agi potest. *L. 9, C. comm. utr. judic.*

Qui familiæ erciscundæ judicio agit confitetur adversarium sibi esse heredem. *L. 37 , ff. famil. ercisc.*

Generaliter eorum duntaxat dividi hereditas potest, quorum peti potest hereditas. Unum judicium sumi potest de pluribus hereditatibus quæ inter eosdem ex diversis causis communes sunt.

Hereditariæ intelliguntur et hoc judicio dividendæ veniunt illæ res maximè quæ ipsæ à defuncto ad heredes pervenerunt ; et illæ etiam quas heredes acquisierunt ex causâ tamen hereditariâ.

Non solùm corpora hereditaria in hoc judicium veniunt , sed et jura quæ defunctus habuit.

Ea quæ in nominibus sunt in hanc non veniunt actionem eo quòd ipso jure inter coheredes divisa sunt , ita ut pro ratâ hereditatis parte singuli debeant , singulisque debeatur.

Sed si non ex judicio sed mutuâ coheredum conventione vel testatoris dispositione, placuerit, ut singuli coheredes singula debita , alii alia , exsolverent , nullum iudè creditoribus præjudicium nasci potest.

On peut cependant convenir de suspendre le partage pendant un temps limité. Cette convention ne peut être obligatoire au-delà de cinq ans.

Le partage est déclaratif et non translatif de propriété; et en cela le droit français a dérogé au droit romain.

On peut demander le partage, quoique la chose ait été indivise durant quelque temps que ce soit. *L. ult. C. comm. divid. argum. art.* 816. *Nec obstat*, *la l.* 1 *de ann. except.*, qui dit que l'action de partage ne dure que trente ans; cette loi doit s'entendre quand un seul a joui.

La demande en partage ne se prescrit donc par trente ans que contre celui qui n'a joui par indivis ni *autrement*.

Quels que soient les autres adminicules, il n'y a point de partage s'il n'y a jouissance et possession séparée pendant trente ans. (Art. 816.)

L'action en partage, à l'égard des cohéritiers mineurs ou interdits, peut être exercée par leurs tuteurs spécialement autorisés par un conseil de famille. A l'égard des cohéritiers absens, l'action appartient aux envoyés en possession. (Art. 817.)

Le mari peut, sans le concours de sa femme, provoquer le partage des objets meubles ou immeubles à elle échus, qui tombent dans la communauté; à l'égard des objets qui ne tombent pas en communauté, le mari ne peut en provoquer le partage sans le concours de sa femme; il peut seulement, s'il a le droit de jouir de ses biens, demander un partage provisionnel. Les cohéritiers de la femme ne peuvent provoquer le partage définitif qu'en mettant en cause le mari et la femme. (Art. 818.)

Les art. 819, 820, 821, 822 et 823, règlent ce qui concerne l'apposition et la levée des scellés, la compétence du tribunal, et les formalités préalables au partage; les articles 824, 825, 826, ce qui a trait à l'estimation des meubles et immeubles; les articles suivans, jusques et compris l'article 839, règlent le mode et les opérations du partage.

Une loi romaine pleine d'équité, la *l.* 12 *de alien. jud.*

In hoc judicio veniunt etiam præstationes personales, impensæ in rem hereditariam per unum heredem factæ, si modo factæ sint post aditam hereditatem et ab herede.

Varia pacta divisioni hereditatis addi possunt veluti de evictione præstandâ, etc.

Cessat hoc judicium si semel eo actum sit; nam si quid indivisum remanserit, judicio communi dividundo inter eosdem locus est.

Cessat quoque si testator alium ex re certâ heredem scripserit, alium sine re.

Non denegandum est hoc judicium ex eo quòd coheredes res hereditarias communiter pro indiviso triginta vel pluribus possiderint annis.

Aliquando accidit ut facta inter coheredes divisio inutilis sit aut rescindatur.

Si appareat inæqualitas in divisione, inspiciendum est an dolo heredis plus justo capientis, an sine dolo ejus, solo errore quodam, inæqualitas contigerit.

Recedi potest communi omnium coheredum consensu à divisione quæ vel per judicem vel per privatam pactionem facta fuit.

Celeberrimi interpretes non admittunt concursum actionis familiæ erciscundæ cum negotiorum gestorum actione. In individuis tamen hunc concursum admitti debere dicendum est.

met. caus. fact, défendait à la personne puissante qui avait acheté d'un des héritiers sa portion indivise, de demander le partage ; mais cette loi n'est plus d'usage depuis que le Code civil donne la faculté d'écarter un cessionnaire ou acquéreur de droits successifs du partage. (Art. 841.)

Le but de l'art. 841 est d'empêcher qu'un étranger puisse s'immiscer dans les affaires de la succession, et pénétrer dans les secrets de la famille. L'action qui écarte cet étranger de la succession, en lui remboursant le prix de la cession, est une véritable action en subrogation.

Tous ceux qui, n'étant pas successibles ou héritiers d'un individu qui était successible, ont acquis les droits d'un héritier, sont soumis à l'action en subrogation.

Les donataires par contrat de mariage, légataires ou héritiers institués à titre universel, sont compris sous la dénomination de *successibles ;* et loin de pouvoir être exclus du partage, ils ont, comme tout héritier légitime, le droit d'en exclure les cessionnaires étrangers.

Il en est autrement du donataire, légataire ou héritier institué à titre particulier.

La disposition de l'art. 841 s'applique à la cession d'une quote part de droit, comme à la cession du droit entier.

On doit rembourser au cessionnaire le prix entier de la cession.

Il y a, quant au remboursement du prix de la cession, une parfaite analogie entre l'action que l'article 841 accorde aux cohéritiers, contre l'étranger acquéreur d'une quotité de droits successifs, et l'action en retrait accordée par les coutumes.

Tels sont, en substance, les principes relatifs aux partages. Les principes généraux du droit romain, à l'égard de l'action *familiæ erciscundæ*, sont applicables à notre usage.

Les articles 883 et suivans règlent les effets du partage et la garantie des lots ; l'article 887 et suivans expliquent les causes de la rescision en matière de partage.

TERTIA PARS.

De collatione.

ORTA est collatio ex jure antiquo quod liberos emancipatos à successione parentum excludebat quando liberi non emancipati existebant. Nam cùm posteà emancipati successionis participes fuerint, quod acquisiverant conferre debuerunt, quia rerum à non emancipatis quæsitarum participes erant.

Cessavit posteà hæc collationis species, et circumscripta fuit collatio bonis liberis emancipatis acquisitis vel non emancipatis per liberalitatem parentis cui successuri erant cum aliis liberis qui easdem liberalitates à parente non receperant.

Collatio bonorum est obligatio liberorum et aliorum descendentium conferendi in commune res ipsis datas à patre, matre, vel ab alio ascendente, ut dividantur, fundaturque hæc collatio in manifestâ æquitate. *L.* 1. *ff. de coll. bonor.*

Communis est indistinctè hæc obligatio omnibus liberis vel descendentibus. *L.* 17, *C. de collat.* Hic textus successioni testamentariæ sicut ab intestato applicatur.

Filia quæ soluto matrimonio dotem conferre debuit, moram collationi fecit, viri boni arbitratu cogetur usuras quoque dotis conferre ; cùm emancipatus frater etiam fructus conferat et filia partis suæ fructus percipiat. *L.* 5, § 1, *de dotis collat.* Hic textus ad omnes alias collationes extendi debet, sicut subsequentes. Cum dos confertur, impensarum necessariarum fit detractio, cæterarum non. *L.* 1, § 5, *ff. de dot. collat.*

Sed et si tantum forte in bonis paternis emancipatus remittat, quantum ex collatione suus habere debet, dicendum est emancipatum satis contulisse videri. *L.* 1, *ff. de collat. bonor.* eò minùs auferre. *L.* 5, *C. eod.* ; conferre aut minùs tantò accipere. *Nov.* 97, *C.* 6.

TROISIÈME PARTIE.

Des Rapports.

———

L**E** principe d'équité tiré de l'égalité qui doit exister entre les héritiers appelés à une même succession, et qui sert de fondement au rapport en droit français comme en droit romain, a reçu chez nous une plus grande extension et s'applique à tous les héritiers indistinctement (843). Toutes les règles de raison et d'équité renfermées dans les lois romaines sur cette matière, doivent être d'ailleurs par analogie, appliquées à notre droit, en observant que le texte de la *L.* 1, *ff de collat. bon.* à l'exception de ces mots *hic titulus manifestam habet æquitatem*, n'est point de notre usage, non plus que la distinction des différentes espèces de biens.

Tout héritier, même bénéficiaire, venant à une succession, doit rapporter à ses cohériers tout ce qu'il a reçu du défunt par donation entre-vifs, directement ou indirectement ; il ne peut retenir les dons ni réclamer les legs à lui faits par le défunt, à moins que les dons et legs ne lui aient été faits expressément par préciput et hors part, ou avec dispense du rapport (843).

Il faut remarquer ici que l'art. 843, qui porte qu'on ne peut réclamer le legs et en même temps être héritier, s'il n'y en a une dispense, ne concorde point sous ce rapport avec la novelle 18, chap. 6.

Le Code civil a établi des principes nouveaux relativement à la nécessité de la dispense du rapport. Il ne faut point les assimiler entièrement à ceux du droit romain. De cet article 843 fondamental en cette matière, dérivent les règles suivantes :

On ne peut être tout à la fois héritier, soit pur et simple, soit bénéficiaire et donataire ou légataire, à moins que les dons et les legs n'aient été faits expressément par préciput ou hors part, ou avec dispense de rapport.

Cette incompatibilité a lieu entre tous héritiers, soit en

Collatio in eumdem modum fiet , ut quicumque confert etiam suam personam numeret in partibus faciendis. *L.* 1, *ff. de collat. bonor.*

Inter liberos tantùm est collatio.

Qui hereditatem repudiat non conferre cogitur , nisi pro aliorum liberorum legitimâ. *L.* 25, *C. fam. ercisc. L. ult. ff. de dot. collat. et* **L. un.** *C. de inoff. dot. L.* 5, *C. de inoffic. donat.*

Duo sunt bonorum genera ad liberos vel descendentes pertinentia , bona ascendentis propria, vel bona aliundè quæsita qualicumque modo.

Bona liberis propria non conferri debent, sicut castrense et quasi castrense peculium ; nam hoc est præcipuum. *L.* 1, *ff. de collat. bonor. L. ult. C. eod. L.* 12, *C. de collat.* neque fidei commissum ab ipso patre herede instituto filio ejus relictum. *L.* 1, § 19 , *ff. de collat.* neque impensæ studiorum causâ. *L.* 52, *ff. fam. ercisc.* neque res pro præcipuo datæ, *Nov.* 18, *c.* 6, quod restringitur novellâ 92.

Dotes et donationes favore matrimonii factæ conferuntur. *L.* 17, *C. de collat.* Hic textus etiamsi speciatim de successione ab intestato , ad testamentariam applicari debet.

Dos conferri debet etiam si solvendo desinat esse maritus. *Nov.* 97, *c.* 6. Sin autem nihil mulieri imputari posset , non ex collatione damnificaretur , sed competens ei pars daretur ex paternis rebus, actionem illâ quidem conferente. Omnes aliæ donationes conferuntur. *Nov.* 18, *C.* 6. *L.* 13, *C. de collat. L. penult. c. famil. ercisc.*

Omne quod in legitimam computari potest , conferri debet. *L.* 20 , *C. de collat.*

Sive testatus sive intestatus quispiam moriatur, locus est collationi. *Nov.* 18 , *c.* 6.

Filia confert in successionem patris, dotem sibi ab avo datam. *L.* 6 , *ff. de collat.*

ligne directe, ascendante ou descendante, soit en ligne collatérale.

La déclaration que le don ou le legs est à titre de préciput ou hors part, pourra être faite soit par l'acte qui contiendra la disposition, soit postérieurement dans la forme des dispositions entre-vifs ou testamentaires.

Le rapport n'est dû que par l'héritier à son cohéritier : il n'est pas dû aux légataires ni aux créanciers de la succession (857).

L'héritier qui renonce à la succession, peut retenir le don jusqu'à concurrence de la portion disponible, même quand le don aurait été fait en avancement d'hoirie (art. (845).

Ces règles seraient insuffisantes si l'on ne s'appliquait à caractériser les fraudes qui pourraient être commises pour éluder l'obligation du rapport, et à connaître les dons qui sont tacitement affranchis du rapport par la loi.

Un don peut être frauduleux, ou parce qu'il serait déguisé sous la forme d'un contrat onéreux, ou parce qu'il serait fait à des personnes interposées (art. 843, 911 et 1099 du Code civil), mais il n'y a pas similitude parfaite entre l'art. 843 et l'art. 1099 ; et lorsqu'il s'agit d'une fraude alléguée à raison de ce qu'une disposition aurait été déguisée sous la forme d'un contrat onéreux, ou parce qu'on aurait pris la voie de l'interposition des personnes, on ne peut user de la même sévérité sur tous les cas.

Y a-t-il lieu au rapport des sommes prêtées par celui de la succession duquel il s'agit à l'un des successeurs présomptifs, ou ces sommes doivent-elles être simplement considérées comme des dettes ordinaires de la succession ? L'affirmative résulte des art. 829 et 851.

La dot constituée à la fille par les père et mère est sujette à rapport lorsqu'il n'y en a pas de dispense, et la disposition de la l. 17. *C. de collat.*, doit être observée dans notre droit. Ce rapport se fait de différentes manières, selon que les pères et mères sont mariés sous le régime communal ou dotal.

Les dons et legs faits au fils de celui qui se trouve succes-

Res quæ sine culpâ donatarii perierunt non conferuntur *L. 2*, § 2 ,*ff. de collat.* et generaliter liberi coheredes invicem conferre debent omne quod ratio et æquitas postulant, ut æqualis sit ipsorum conditio.

Sufficiunt regulæ istæ summatim expositæ ad omnes hujusce materiæ difficultates resolvendas.

sible à l'époque de l'ouverture de la succession, sont toujours réputés faits avec dispense de rapport.

Le père venant à la succession du donateur, n'est pas tenu de les rapporter (art. 847).

Pareillement le fils venant de son chef à la succession du donateur, n'est pas tenu de rapporter le don fait à son père, même quand il aurait accepté la succession de celui - ci (article 848); mais si le fils vient par représentation de son père, il doit rapporter ce qui avait été donné à celui-ci, même dans le cas où il aurait répudié sa succession. Il faut donc représenter le donataire dans la succession à laquelle on vient pour être tenu au rapport, et la qualité même d'héritier du donataire n'y obligerait point, si on ne venait pas en le représentant.

Les dons et les legs faits au conjoint d'un époux successible, sont réputés faits avec dispense de rapport. Si les dons et legs sont faits conjointement à deux époux dont l'un est seulement successible, celui-ci en rapporte la moitié ; si les dons sont faits à l'époux successible, il les rapporte en entier (article 849).

Les profits que l'héritier a pu retirer des conventions passées avec le défunt, ne doivent point être rapportés, si ces conventions ne présentaient aucun avantage indirect lorsqu'elles ont été faites (art. 853).

Pareillement il n'est pas dû de rapport pour les associations faites sans fraude entre le défunt et l'un de ses héritiers, lorsque les conditions en ont été réglées par un acte authentique (854).

La disposition de la loi 2 ff. *de collat.*, est maintenue par l'art. 855 qui porte que l'immeuble qui a péri par cas fortuit et sans la faute du donataire, n'est pas sujet à rapport. Les frais de nourriture, d'entretien, d'éducation, d'apprentissage, les frais ordinaires d'équipement, ceux de noces et présens d'usage ne doivent pas être rapportés (art. 852).

Suivant l'article 856 du Code civil, les frais et les intérêts

des choses sujettes à rapport, ne sont dus qu'à compter du jour de l'ouverture de la succession.

Le rapport se fait en nature ou en moins prenant (858), ou par prélèvement.

L'article 859 doit être entendu en ce sens, que par cela seul que l'immeuble a été aliéné avant l'ouverture de la succession, on ne peut en exiger le rapport en nature, et que lors même que l'immeuble n'a pas été aliéné, on ne peut encore en exiger le rapport en nature, pourvu qu'il se trouve dans la succession d'autres immeubles de même nature, valeur et bonté dont on puisse, etc.

Lorsque le rapport en nature est nécessaire même par la voie de revendication contre des tiers-acquéreurs, les immeubles se réunissent à la succession francs et quittes de toutes charges et hypothèques créées par le donataire ou ses ayans-cause.

Les articles 855, 861, 862, 863, 864 et 867, s'occupent des cas où l'immeuble aurait péri par cas fortuit et sans la faute du donataire, et de ceux où il y aurait eu des impenses qui l'auraient amélioré et qui en auraient augmenté la valeur, etc.

Le rapport du mobilier ne se fait qu'en moins prenant ; il se fait sur le pied de la valeur du mobilier lors de la donation, d'après l'état annexé à l'acte, et à défaut de cet état, d'après une estimation par experts, à juste prix et sans crue. (Art. 868.)

Le rapport de l'argent donné se fait en moins prenant dans le numéraire de la succession. En cas d'insuffisance, le donataire peut se dispenser de rapporter du numéraire en abandonnant jusqu'à due concurrence du mobilier, et à défaut du mobilier, des immeubles de la succession (art. 869).

Les meubles et effets mobiliers donnés doivent être rapportés suivant leur valeur à l'époque de la donation.

IMPRIMERIE de Mme JEUNEHOMME-CREMIERE,
rue Hautefeuille, n° 20.